여자의 시간

C P.S 미래시선 15

여자의 시간

한순원 시·산문집

시인의 말

원주에 온 지 17년 정도 되었다.
밖에 나가면 병풍처럼 둘러서 있는 치악산을 바라보고,
하늘과 해, 달, 바람, 계절의 피고 지는 꽃들을 볼 수 있는 건 커다란 기쁨이다.

내 고향은 저 먼 남쪽 끝자락의 섬 진도이다.

앉으나 서나 고향과 부모님은 잊을 수 없는 존재이다.
황금 같은 내 어린 시절 추억들은 메말라가는 현실에 가끔 꺼내보고
단비처럼 나를 적셔주었다.

나의 첫 시·산문집이 나온다니 꿈만 같다.
언제나 흩어진 구슬처럼 내 생각도 여기저기 맴돌아 다녔다.
이제는 나의 기억들을 한데 모아 책이라는 이름으로 세상에 나와 여기 펼쳐 보인다.

어린 시절의 추억은 아픔도 있지만, 그때의 경험과 기억들을 많은 사람과 공유하며 함께 나누고 싶다.

그 시절의 그런 아픔들이 있었기에 나를 더 성장시켜주었다.
소심하고 예민한 성격을 벗어나 이제는 더 가치 있게 보낼 생각이다.

나의 첫 시·산문집이 출간되어 정말 가슴 뿌듯하고 기쁘다.
이제야 뭔가 내가 할 일을 한 듯한 안도감이 든다.

가을은 풍성한 결실의 계절이기도 하지만, 나무가 낙엽을 떨구어내듯
마음을 비움으로써 한층 더 성숙해지는 시간이다.

모두 건강하시고 내면의 기쁨이 넘치는 시간이 되었으면 좋겠다.
가을 끝자락이지만 아직 시간이 남아있어 알차게 잘 마무리하면 좋겠다.

언제나 나를 애지중지 아껴주고 사랑해주던 나의 어머니와 아버지 그리고 형제들
글 쓴다고 잔소리 한번 하지 않고 지지해준 남편과 소중하고 고마운 대현, 민서에게 이 기쁨 전하고 싶다.

책이 나오기까지 도와주신 김남권 시인님과 우리 달빛문학회 식구들께도 감사드린다.

이 여정을 함께 가 주시는 모든 분께 이 기쁨을 함께 나누고 싶다.

모두 건강하시고 행복하시길 바란다.

11월, 조용하고 아름다운 가을   한순원

시인의 말

차례

시인의 말 4

제1부 **산다는 것은**

> 여자의 시간 10 / 전기밥을 먹는 괴물들 11 / 산다는 것은 12 / 7월 14일 13 / 삶의 무게 14 / 구름의 방향 16 / 수많은 나 17 / 다 다르다 18 / 내 마음 19 / 욕심의 알갱이는 무엇인가 20 / 눈에 보이지 않는 것들의 소중함 21 / 살아 있을 때 가장 먼저 해야 할 일 22

제2부 **습관 내려놓기**

> 지피지기면 백전백승 24 / 별은 왜 둥글게 보일까? 26 / 어두워질수록 별은 더 빛난다 28 / 습관 내려놓기 29 / 가슴 뛰는 일이 무엇일까 30 / 가끔 기운이 떨어질 때가 있다 31 / 생각은 짧게 행동은 바르게 32 / 두려워 말아라 33 / 우리 딸이 행복하기 바라며 34 / 1월 1일 36 / 우리 엄매 38 / 생일 40

제3부 　나를 돌아보다

땅과 입맞춤 42 / 한여름의 괴성 44 / 내 고향 45 / 만항재 46 / 가을 47 / 나라는 작은 성벽을 뛰어넘어 48 / 빨간 책가방 50 / 나를 돌아보다 52 / 청보리밭 54 / 지금부터 행복해지는 연습을 하자 56 / 죽음은 무엇일까 58 / 자기 사랑 61

제4부 　시인의 산문

어머니의 음식 66 / 어린 시절의 추억 69 / 어머니의 보리개떡 70 / 대보름 71 / 어머니의 밭 72 / 나의 어머니 73 / 아버지의 등 76 / 소심했던 학창 시절 80 / 나의 아버지 83 / 나에게 책이란 86

해설 - 자기를 온전하게 치유해 가는 환치의 순간을 위한 세레나데
　　· 김남권(시인, 계간 『시와징후』 발행인) 89

제1부

산다는 것은

여자의 시간

오십 중반의 여자는 글을 쓰고 싶다고 했다
자신이 살아오는 동안 경험한 것들을
담아내고 싶다고 했다
전문지식도 없고 글 쓰는 법을 배운 적도 없지만
그래도 여자는 글을 쓰고 싶다고 했다

누구나 자신이 살아오고 경험한 것은
한 편의 영화가 되고
한 편의 소설이 되고
한 권의 시집이 되지 않겠는가

이것저것 따지다 보면 영원히 글을 쓸 수 없을 것이다
그냥 쓰는 것이다
그냥 그렇게 살아온 길을 쓰다 보면
이야기가 되지 않겠는가

생각나는 대로
하고 싶은 이야기를 쓰다 보면
어느덧 시인이 되는 것이다

전기밥을 먹는 괴물들

우리 삶은 전기로 돌아가고 있다
전기가 끊기면 모든 게 마비되고 만다
전기의 사용량은 날로 증가하고 있다
온갖 새로운 제품들이 시장에 쏟아져 나오고
좀 더 나은 제품을 만들고자 혈안이 되어 있다

인간의 욕심은 끝이 없다
육체적인 욕망도 끝이 없다
멈출 줄 모른 채 달려가고 있다

말로 하면 뭐든지 이루어지는 세상
몸은 점점 편해지는데
마음은 점점 불편해지고 있다

산다는 것은

새는 하늘을 날고
물고기는 물속을 헤엄치고
사람은 뭍에서 산다

꿈속을 떠다니다
꿈을 꾸며 산다
누구나 다 똑같이 산다

돈도 명예도 권력도
새처럼 물고기처럼
살아가게 할 수는 없다

7월 14일

몸이 있는 한 그 어떤 것들도 자유로울 수 없다
살아 있는 동안 몸과 마음에서, 자유롭게 사는 법을 배워야지

삶의 무게

몸 따로 마음 따로인 하루가 지나간다
알고 보면 나를 위한 온갖 집착들이 나를 가두고 있었다
죽어서 잘되려고 집착을 하고
지금 돈이 없으니 아등바등 현실에 매달린다
생각이 너무 많아 한 걸음 나아가길 두려워한다
어떻게 해야 잘살고 바르게 살았다고 이야기할 수 있을까

실패에 대한 두려움을 떨쳐내야 한다
잘된다고 생각해도 부족할 텐데
자꾸 두려워하고 걱정한다고 되는 일이 아니다

진정 내가 하고 싶은 일과 해야 하는 일 사이에서
갈등하지 말아야 한다
아이들도 어려서는 순종할 수 있지만
점점 커갈수록 부모 말을 듣지 않는다

내가 무엇을 해야 할지 고민하는 동안 시간은 속절없이 지나간다

"젠장."
한 가지 일을 하고 있으면 그 일을 하면 되는데
자꾸 다른 생각이 늘어간다
한 가지 일을 꾸준히 했다면 지금쯤 성공했을 텐데,

아니, 지금까지는 시행착오였다고 치자
결코 헛된 시간은 아니었을 것이다
그 시간들도 탓하지 말자
실패하지 않고 이뤄지는 일이 어디 있겠는가

잘했다, 잘해왔다
이제부터 다시 시작이다
아직 늦지 않았다

구름의 방향

해는 기울어 가고
길게 늘어뜨린 구름은
어디론가 바삐 가고 있구나

구름의 집은 어디쯤일까
땅거미 짙어가고 어둠이 깔린 저녁노을
구름 가족 한 무리가 어디론가 바삐 몰려가고 있구나
누구를 만나려고 그리 바삐 가는가

어린 시절 고향 집
바다 너머로 지던 노을이 따라왔다

어스름한 동네에는 따뜻한 연기가 피어올랐다
내 생애 가장 포근했던 순간이었다

지금은 빌딩 숲에 가려 달을 찾기 힘든데
구름은 어쩌자고 자꾸 빌딩 너머로 숨는지 모르겠다

수많은 나

내 안에는 수많은 내가 산다

눈에 보이지 않는 작은 세포들
그들은 숨 쉬고 노래한다

작은 습관들이 모여
오늘의 나를 만들어 간다

어쩌면 나는 그들의 조화로 존재하는
하나의 이름일지도 모른다

아침 햇살에 눈을 뜰 때

아무 말 없이 그렇게
내 안의 우주는 다시 깨어나 살아간다
내 마음속에서 그렇게

다 다르다

사람은 모두 다 다르다
그러니 한 사람은 그 한 사람밖에 알지 못한다
그러니 누구를 탓하거나 비난할 수 없다
살아온 인생이 모두 다 다르다
그러니 남에게 상처를 주거나
피해를 주는 행동은 멈추어야 한다

내 마음

파란 가을 하늘은 맑기만 한데
사람들 마음은 가을 하늘과 반비례한가 보다
맑고 평온하지 못한 것 같다
연이은 코로나로 고개가 떨구어지고
근심은 쌓여만 간다
일이 많으면 많다고 하고 적으면 적다고 힘들어 한다
과연 행복한 사람은 몇이나 되는가
이렇게 보는 것도 결국 내 마음이겠지

욕심의 알갱이는 무엇인가

불안증이 도졌나 보다
무턱대고 돈을 많이 벌고 싶은 마음이 불현듯 일어난다
돈이 있으면 노후가 안정되고 행복하리라 생각한다
심술보부터 없애야겠다
용기가 생기면 어둠은 사라질 것이다
욕심의 씨앗을 내려놓으면 보일 것이다

눈에 보이지 않는 것들의 소중함

눈에 보이지 않는 것들이 많다
공기는 너무 가벼워 손에 쥐어지지 않는다
위대하다
그러나 너무 흔하기 때문에 소중함을 잊고 살아간다
높은 언덕을 오르니 숨이 가빠진다
살을 빼야 해, 습관처럼 되뇌었다
순간 마음을 바꿔 먹었다
나는 솜털처럼 가벼워 이 공기와 함께하고 있다
생각하는 순간, 마치 달나라에 온 우주인처럼 가벼워진 느낌이 든다
일이 힘들면 긍정적으로 생각해야 한다
자꾸 무겁다고 살을 빼야 한다고 습관처럼 되뇌지 말아야 한다
지금 이대로의 몸을 사랑해주자
그러면 저항이 줄어든다
살이 찌는 이유를 먼저 바라보자
저만치 또 다른 내가 나를 보고 있을 것이다

살아 있을 때 가장 먼저 해야 할 일

아름다운 삶이란
나를 돌아보는 일이다
그래야 목적지를 분명히 알고 제대로 가고 있는지 알 수 있다
한 번뿐인 삶이기 때문에 인생은 되돌릴 수 없다
웃으면서 살아갈 수 있도록 준비를 하자
평소에 많이 웃자
건강하게 살다 깨끗하게 가야 한다

제2부

습관 내려놓기

지피지기면 백전백승

살면서 내가 나를 가장 잘 안다고 생각한다
그러나 안다고 하는 것은
어린 시절부터 살아온 자신의 습관이나 취향과 성격 기억이다
살아오면서 수많은 시행착오와 실수를 하면서
양파껍질 벗기듯 하나하나 알아가는 것이다
지천명이 넘으니 마음이 조금씩 편안해지며 나를 좀 아는 것 같다
괴로운 건 상대가 아닌 내 마음속에 잠들어 있는 분노와 화였다
상대는 단지 그것을 보여주었을 뿐이다
나를 먼저 아는 것이 중요하다
벗겨내고 또 벗겨내야 한다
하늘을 올려다보며 부끄러움이 생기지 않도록 해야 한다
해야 할 일은 단지 그것뿐이다

머릿속이 복잡하니 항상 뭘 해야 할지 고민이었다
그때그때 주어지면 그 일에 최선을 다하면 되고
마음속에 아무런 걸림이 일어나지 않으면 정말 머리가 시원하다
인생은 내 안에 있는 쓰레기들을 비워내는 것이다
비워내고 닦아내고 청소를 하면 맑아진다

동물들은 자신의 몸을 보호하기 위해
털과 두꺼운 껍질을 가지고 있다
나도 약한 마음을 감추기 위해
갑각류의 껍질처럼 수많은 마음을 가지고 살았다
정말 무거웠다
누가 나를 무시할까 봐 보호하기 위해
무거운 껍질을 덮어쓰고 다녔다
이제는 어른이 되었다
더 이상 투구처럼 무거운 갑옷을 쓰고 다니지 않아도 된다
나 스스로 경계심이 없다면 굳이 쓸 필요가 없다

내가 다른 사람을 이용하지 않으면
어느 누구도 나를 이용하지 못한다
몸도 마음도 홀가분하게 살자
저 하늘처럼 가볍게 콧노래를 부르며
약하면 약하다고 불안하면 불안하다고 이야기하자
더우면 옷을 벗고 추우면 옷을 입으면 된다

별은 왜 둥글게 보일까?

해와 달 그리고 별
정말 예쁜 이름을 지어주었다
왜 행성은 모두 둥글까?
마치 조약돌처럼 동글동글하다
그리고 단단해 보인다
멋진 띠를 두른 행성도 있다
사람이 별을 만들 수 있나?
돈이면 뭐든 해결될 것 같아도
사람이 할 수 있는 일은 또 얼마 되지 않는다
저 밤하늘에 무리 지어있는 별들을 보면
사람이 그릴 수 없는 신비함이 있다
우리는 어디에 살고 있는가
땅 위에 아니면 공중에
벼랑에 매달려 있나
지구별 땅별 꼬마별에 붙어살아 가고 있다
우주에서 보면 먼지 한 톨밖에 안 되는 땅에서
맨날 지지고 볶고 전쟁을 하는 사람들은 얼마나 한심한가
죽을 때는 땅 한 평 짊어지고 갈 수도 없는데,
후손에게 남겨주고 가려고 아등바등
끝까지 책임지려고 한다

땅이 좁은 게 아니라
사람의 마음이 좁은 것이다

어두워질수록 별은 더 빛난다

어려움을 이겨낸 사람은 위기에 더 강하다
세상에 공짜는 없다
사는 게 지루하고 힘들까 봐
옛날부터 시와 술과 노래가 있었다
적당히 조화를 이룬다면
더 이상 바랄 게 없다

습관 내려놓기

다른 사람들의 의견에 휘둘리고 비교하지 말자
다른 사람들과 비교하지 말고 어제의 나와 비교하자
그래 잘하고 있어
점점 용기를 내어 앞으로 나아가는 모습에 박수를 보내자
세상의 기준에는 못 미치지만
조금씩 발전하는 자신을 발견할 것이다
처음에는 많이 아프겠지만
경험이 쌓이면 보다 나은 내가 될 것이다
그렇게 조금씩 발전해 나가는 거야
누군가가 귀에 거슬리는 이야기를 했다면
그 사람 입장에서는 충분히 그럴 수 있다고 생각하자
사람의 의견은 각기 다 다를 수 있다
아, '저 사람은 저렇게 생각하는구나'라고 생각하면 된다
내가 그것을 심각하게 받아들이지 않으면 된다
뭐든 완벽하게 생각하는 습관을 내려놓자

가슴 뛰는 일이 무엇일까

빨리 싫증 내면 안돼
죽을 것 같아도 뛰어
뒤로 물러설 곳은 없어
자신과 타협하지 마
이제 더 이상 나에게 기다려 줄 시간은 없어

가끔 기운이 떨어질 때가 있다

이런 나도 저런 나도 있는 그대로 바라봐주고 용서하자
너무 뒤떨어지지도 너무 앞서가지도 말자
있는 그대로 보아주자
순리의 흐름에 나를 맡길 때 순리대로 일은 이루어진다
나를 용서하고 사랑하자
인정하고 바라봐주자
너무 나서려고도 하지 말고 입을 다물자
못하는 것에 대해서는 차라리 인정하고 너무 잘하려고도 하지 말자
필요한 일이면 주어질 것이고
그렇지 않으면 안 될 것이니 바라지 말자
매사를 감사하게 생각하자
이 세상에 올 때도 내 의도대로 온 것은 아니다
그러니 모든 게 내 뜻대로 되리라는 생각도 버리자
세상에 올 때 어디 내 것이 있었는가
세상에 있는 것을 먹고 빌려 쓰고 있는 것이다
쓰고도 남은 것은 두고 가야 한다
인류가 쓰고도 남을 그것을 온전히 남겨주고 갈 때 인류는 오랫동안 숨을 쉴 수 있을 것이다

생각은 짧게 행동은 빠르게

역시 몸을 많이 움직인 날에는 더 일찍 일어나고 몸도 개운하다
처음에는 누구나 귀찮고 움직이기 싫어한다
하지만 움직이고 나면 땀이 나고 혈액순환이 잘되고 개운하다
그래서 오랫동안 일을 하고 움직이신 분들이 더 건강하게 오래 산다
이제는 나도 움직이며 할 수 있는 일을 찾아서 해야겠다
하다 보면 눈치 보지 않고 스스로 알아서 하게 될 것이다
몸을 움직이고 일을 할 수 있다는 건 고마운 일이다
눈, 코, 입, 심장, 간, 쓸개, 콩팥, 오장육부 우리 몸 어느 것 하나 소중하지 않은 게 없다
남들이 나에게 어떻게 대하든 신경 쓰지 말고
내가 해야 할 일을 하며 보람을 갖자
세상을 사랑하자
내가 왜 지구에 왔는지를 생각하며 살자
새벽 5시, 새들은 일어나 지저귄다
그러다 날이 새면 조용해진다
안녕 새들아 오늘도 일찍 일어났구나.
아, 기분 좋아 상쾌해!
오늘은 정말 기분 좋은 날이야
살아 있으니! 감사하고 행복한 날이다
맑은 공기, 상쾌한 아침, 뛸 듯이 기쁘다

두려워 말아라

푸른 파도가 조잘대며 뭍으로 올라온다
산 너머로 아침 해는 올라오고
지구가 돌아간다
아침 햇살을 받은 대지는 붉게 타오른다

구름이 대지를 덮으면 비가 쏟아지고
빗물은 모여 다시 바다로 간다
어둠이 밀려오면 달이 떠오른다
밤에도 창공은 쉼 없이 돌고 돈다
달과 별 해가 동행한다

그 안에 사람이 있다
삶이 있다
웃음과 울음이 피어나고
꽃이 피고 꽃이 진다

우리 딸이 행복하기 바라며

자식이 행복하기를 바라는 것은
어느 부모나 마찬가지일 것입니다
나도 마찬가지입니다
저녁 늦게까지 공부하는 딸을 보면
안쓰러운 마음이 듭니다
꼭 저렇게 늦게까지
공부를 해야만 하나 하는 생각이 듭니다
공부가 좋아서 하는 것이라면 모를까
딸은 선생님이 되고 싶다고 하는데,
스스로 실력을 갖추려고 하고,
부모에게 의지하지 않고
독립하기 위해 애쓰는 모양입니다
청소년들이 행복한 세상은 언제쯤 올까요?
운동을 잘하고 좋아하면 그쪽으로 나가고
음악을 좋아하면 음악가가 되고
미술을 좋아하면 화가를 하고
음식을 잘하면 요리사가 되고
자신이 진정으로 좋아하고 잘하는 일을 해야 할 텐데,
돈을 벌기 위해, 먹고 살기 위해
억지로 하는 것은 아니라는 생각이 듭니다
어른들이 만들어 놓은 불평등한 세상에서
아무쪼록 건강하고 행복하게 소외되지 않고
살아갈 수 있기를 바랍니다

아이들이 행복한 세상이 되어야
진짜 살아갈 만한 세상이 아닐까 생각하며,
아이들이 빛나는 세상을 위해 함께 노력해요.

1월 1일

어찌 되었건 오늘은 새날이다
오늘은 결코 다시 돌아오지 않는다
살이 찌긴 했지만 다행히 몸은 아픈 데가 없으니
더할 나위 없는 행복이다
세월이 몇십 년 더 흘러 지금을 생각한다면
아마 그때가 좋았다고 생각할 것이다
그럼 내가 후회하지 않고 살기 위해서는
어떻게 살아야 하는 걸까?
이건 누구나 원하는 질문일 것이다
한 번뿐인 인생 후회하지 않고 살려면
지금 무엇을 해야 하나?
너무 많은 생각을 하면 안 되겠지
깊이 생각한다고 기발한 아이디어가 나오지는 않으니까
과거의 나는 나 자신을 몹시도 못마땅해하면서 살았다
특별하게 하루라도 두드러지게
몸을 움직이고 일을 하지 않으면
나를 몹시 자책하곤 했다
"또 오늘을 허비한 거야"
"너는 도대체 할 줄 아는 게 뭐가 있는 거야" 하며
스스로를 몰아붙이기 일쑤였다
그러다가 어떤 패턴이 보였다

나라고 하는 집합체는 비단
내가 생각하는 내가 아니었다
수십조의 세포에는 원시시대부터 입력되어온
인류의 정보가 함께 담겨있어서
여러 가지 생각을 불러일으키고
잡념과 많은 생각을 하게 한다
그래서 사람은 하루에 오만가지 생각을
한다고 하는가 보다
그래서 한 가지 마음을 가지기가
죽기보다도 어려운 이유이다
세포 하나하나에 여러 가지 정보가 담겨 있고,
하고 싶은 마음과 하기 싫은 마음
해야 하는 줄 알면서도 몸이 거부하는
자존심과 고집이 있다

부모의 유전자를 물려받기 때문에
여러 가지 습성이 배어 있다
나를 더 안다면 이해가 더 빠를 것이다
그러니 너무 자책하지 말자

나를 알고 내가 가장 좋아하는 일을 해보자
가장 잘 할 수 있고 신나는 일, 마음이 이끄는 일

우리 엄매

엄매 우리 엄매
불러보고 싶은 이름

어린 시절 엄매라고 부르는 나에게 오빠가
'네가 소냐. 엄매라고 부르게'라고 놀려서
그날부터 어머니라고 불렀지요.

언제나 머리에는 흰 수건을 두르시고 몸뻬 바지에
머리에 무거운 생선 함지박을 이고
고개를 넘었을 울 엄니
약을 치면 밭에 덜 좋다며,
그 큰 밭에 풀을 일일이 손으로 다 뽑아내고
장에 가지 않은 날은 바닷가 나가
김매고 미역을 따오셨지요

그런데 나는 막내라는 이유로
효도 한번 제대로 하지도 못하고
고집만 부리며 살았어요
그 무더운 여름, 저를 낳고 당신이 해오신
미역국이라도 제대로 드셨을까요

살아 계신다면 내 생일날
삼복더위라도 달려가 바닷바람 맞으며
조개를 캐고 미역국에 큰 상 한번 차려드리고 싶은데
꽃상여 타고 떠나신 어머니,
돌아올 기미조차 없네요

꼬부랑 길모퉁이에서
논일하고 돌아오시던 어머니를
기다리던 때가 눈에 선합니다
갑자기 내 곁을 떠나시던 날
하늘의 해가 떨어지는 줄 알았습니다

어머니는 마루 밑에 고무신 한 켤레만
남겨두고 떠나셨지요
먼 북쪽 하늘만 바라보며 "엄매" "엄매"
목 놓아 불러봅니다

생일

'당신은 사랑받기 위해 태어난 사람
그 사랑 지금 받고 있지요'

그래요, 오늘은 찬란한 나의 생일입니다
유일하게 예쁜 옷을 한 벌 사더라도 나에게
관대해지고 꽃을 한 아름 사도 흐뭇하지요
내가 나에게 해줄 수 있는 선물
다른 날은 시장을 보더라도 돈 계산부터 하게 되는데
오늘만큼은 정말
돈을 써도 이유가 있으니까요

누구에게나 일 년에 한 번은 생일이 돌아오니까요
당신은 아주 특별하고 소중한 사람입니다
내가 그렇듯
우리는 우주에서 더없이 소중한 존재지요
나를 더 아끼고 사랑하며
매일 매일을 생일처럼 살아가면 좋겠습니다

제3부

나를 돌아보다

땅과 입맞춤

오랜만에 가족과 치악산
밑자락 고개를 오른다

평평한 흙길이 보여
나는 맨발로 걷고 싶어진다

두 남자들은 그냥 걷고
딸은 내 보폭을 맞추며 걷는다

발바닥이 아파 빨리 걸을 수 없어서
자연스레 생각도 천천히 흐른다

저 멀리 하늘과 나무가 맞닿아 있는 시선을 따라
비로소 땅과 내가 하나가 된다

원래 하나였던 것
자연스럽게 몸이 겸손해진다

어린 시절 어머니와 밭매러 가면
제일 먼저 하는 일이 밭 어귀에 신발을 벗고
맨발로 호미를 드는 것이었다

둘째 언니는 지렁이가 나온다며
기겁을 하고 어머니 몰래
언덕 베기로 내려가 저녁 반찬으로
마늘과 들기름 듬뿍 넣고
깻잎 반찬을 맛있게 무쳐 놓았었다

오늘은 그 땅에 입맞춤이라도 하고 싶다

한여름의 괴성

매미도 햇살이 뜨거워서 이른 새벽부터 울어대다
잠잠한 한낮,

인근 아파트 공사현장에선 아침부터 땅을 파는지
굉음이 진동을 한다
사람 편리하게 하는 온갖 물건들이 더 스트레스를 받게 하고
사람을 위하는 건지 누구를 위하는지 잘 모르겠다

여기저기 고층 아파트들이 올라가고 있다
어디쯤 우리 집도 지어지고 있을까

팬시리 휴대폰만 쳐다보고 있는 딸에게 불똥이 튀긴다
한숨이 푹푹
어디 조용한 곳으로 피신을 가야겠다

시를 쓴다고 책상에 앉아 있으니 그나마 화가 누그러진다

내 고향

내 고향 작은 포구 갈매기들 한가롭게 노닐고
숭어 떼 뛰고, 첨벙첨벙 물장구치던 그곳

언제쯤 한가롭게 빈 갯벌 돌아다니며
조개를 캐어 볼까

이젠 아무리 속이 꽉 찬 조개
함지박 가득 캐어 와도
반겨줄 이 없으니
다시 돌아갈 일 아득하기만 하다

만항재

해발 1,330미터 만항재에는
때 묻지 않은 야생화 물결
나를 불러 손짓하네

백두대간 뻗어 나간 능선마다
거대한 자본주의의 바람개비가 돌아가고
고요한 원시림 속 잠든 뭇 생명들 깨우고 있다

밤안개 흰 파도로 밀려왔다 밀려가고
어둠 떠나간 자리
별들도 어깨춤을 추네

때 묻지 않은 자연의 숨결 듬뿍 받아
도시로 돌아오는 밤
만항재의 별들 내 어깨를 짚고 따라오네

가을

너는 이제 막 떠오르는 태양이다
이제 50 중반을 살았으니
많은 경험과 배움도 있었지

태풍과 뙤약볕 혼자서도 잘 견뎌냈구나
이제는 너의 자존심 뿌리째 뽑아버리자

쑥부쟁이 구절초 소담스럽게 앉아
가을 햇볕 쬐고

아기 씨앗들 바람에 나부끼며
날아오른다

멀리멀리 훨훨
엄마 찾아 비행을 시작하는구나

나라는 작은 성벽을 뛰어넘어

삶이란 뭐랄까
어린 시절 부모님 싸우는 걸 보면
빨리 커서 독립하고 싶고
도시 생활하면
고향에 계신 부모님 생각하고
인간관계 스트레스도
결국 어린 시절의 상처고 성격이었다

남을 바꿔보려 애를 쓰다
결국 포기하고
원인이 내 안에 있다는 걸
어렴풋이 알게 되었다

돌고 도는 인생사에
돈 벌려고 애를 쓰고
그것도 결국 내 삶이었고
인생길이었다

그걸 풀기 위해 돌고 돌아왔다
결국 인간이 되기 위한
숙명이며 숙제였다

무얼 그리 고민하고
힘들었는가
길을 몰라 힘들었지
그 길을 찾는 데 50년이 걸렸다
남에게 말한다고 해결되지 않는다
부딪치는 어려움을 잘 삭혀 넘겨야 한다

돈 벌기 위해 태어난 것도
사랑하기 위해 태어난 것도
부귀영화도 아닌
사람 되는 게 숙제였다
이제 그 작은 산을 넘으려 한다
이제는 웃자 하하하
어깨춤도 덩실덩실 추어보자

빨간 책가방

책가방이 나오기 전에 우리는
책보자기를 허리에 묶고 학교에 다녔어요
필통이 달그락달그락 장단을 맞추었지요

어느 날 옆집 사는 순자가
예쁘게 생긴 빨간 책가방을 메고 학교에 왔어요
다음날은 정금이도 빨간 책가방 메고 나왔어요
책과 공책을 넣을 수 있는
공간이 나뉘어있어서 부러웠어요

그날 집으로 돌아와 어머니께
빨간 책가방을 사달라고 졸랐어요
그리고 다음날 집에 가보니
마루에 빨간 책가방이 떡하니 놓여있었어요

자세히 보니 1학년들이나 가지고 다닐
작은 가방이었어요
나는 속상하고 창피해서
밤늦도록 징징대며 고집을 피웠어요

어머니는 그것밖에 없다고 말했지만
내 마음은 하나도 위로가 되지 않았어요

참다못한 어머니는 처음으로
화를 벌컥 내셨어요

울다 지친 나에게 얼굴을 쓰다듬으며
이다음에 더 큰 가방을 사줄게 하셨지요

잠을 자고 일어나 책가방을 싸기 시작했어요
낡은 보자기에 비하면 너무나 멋진 가방이었어요
신나게 학교 가는 길
아무도 내 가방이 작다는 걸 알지 못했어요

결혼을 하고 어머니 나이가 되고 보니
그때 그 일이 가장 죄송한 일이 되었어요

밤하늘에 둥근 달을 쳐다보면
어머니 얼굴 떠오릅니다
어머니는 언제나 같은 자리에서 나를 지켜봅니다

나를 돌아보다

30대 중반 늦은 나이에 결혼을 해서 예쁜 아들과 딸을 낳았어요
아이들을 보니 어린 시절 내 모습이 겹쳐 보여요

가장 어린 시절 아픈 기억이 떠오릅니다
다섯 살쯤 되었을까요
아버지는 막내인 저를 무척 예뻐하셨어요
어느 날 마당에서 아버지가 어머니와 막 싸우는 거예요
무섭기도 하고 어머니가 맞을까 봐 아버지 한복 바짓가랑이를 붙들며
"아부지 아부지가 참으쇼" 했지
아버지는 웃으면서 "오냐 오냐" 했어요
그러면서도 한편으로는 어머니가 신경 쓰였어요

그 어린 마음에 그렇게까지 신경을 쓰다니
그게 저의 가장 어린 시절 뚜렷한 기억이었어요
그 시절에는 모두 비슷하게 살았지요

우리 아이들에게는 그런 아픔 물려주고 싶지 않았어요
그래서 부지런히 그런 마음 돌아보고 비워내고 있습니다

언제나 부족한 게 부모 마음인가 봐요
못 해준 것만 자꾸 생각이 나네요

아이들을 키우면서 부모도 비로소 철이 드나 봅니다

청보리밭

가을걷이 끝나고 보리씨를 뿌려두면
파란 아기 보리 흰 눈 덮어쓰고 겨울을 나지요

3월이면 무지개 잔등에서 불어오는 해풍 맞으며
잘도 자라고, 어머니는 시장에 나가지 않는 날에는
보리밭에서 밭을 매고 계셨지요
이따금 끼어있는
풀과 보리 된장국을 끓이면
구수한 냄새가 담장을 넘지요

4월 봄바람은
꿰맨 자국 없는 청색 비단 물결로 넘실거리고
바람은 보리 사이를 드나들며 숨바꼭질하지요

5월이면 산등성이 보리 꽃 피어
야외수업으로 보리 베기를 나갔지요
쉬는 시간에는 커다란 눈깔사탕을 하나씩 나눠줘서
그 재미로 다녔어요
집에서 나올 때는 낫을 하나씩 챙겨 다녔지요

어린애가 뭐 그리 잔걱정이 많았을까
지금 생각해보면 미련스러웠지만
그때는 그럴 수밖에 없었어요
남의 집 보리타작은 다 끝나 가는데
우리 집은 하지 않고 있으면 걱정이 앞섰지요
빨리 끝나야 마음이 놓이는데 말이지요
나는 미리부터 새참 거리 걱정부터 하고
손으로 베어 한데 모아 두었다가 비라도 내리면
뒤집어 말려야 하고 타작을 할 때면
거친 보릿겨가 따끔거렸지요
대신 껍질에서는 구수한 보리 볶는 향기가 났어요
새참으로 막걸리와 사카린 탄 물에
국수를 삶아가지요

5월 중순, 노란 보리가 익어갈 때면
지금도 고향 생각이 나요
언제나 몸뻬 바지에 흰 수건을 두르고
청보리밭을 매시던
어머니 모습이 아련히 스쳐 지나갑니다
무더위 보리밭을 보면 걱정이 앞섰던,
고향의 밭 한가득 피어있던
노란 물결이 눈에 선합니다

지금부터 행복해지는 연습을 하자

행복은 어디 있을까
돈이 많으면 행복할까
건강하면 행복할까

행복은 어디에 있는 것일까

사람은 돈이 많으면 행복할 거라 생각한다
돈은 보이지 않는 에너지다
작은 에너지가 모여 큰돈이 된다
에너지는 모이기도 하고 흩어지기도 한다
돈이 많으면 행복할까
그러려면 그 일을 즐겨야 하고 꾸준히 해야 한다
꾸준히 하려면 재미가 있어야 한다

어느 정도 자신의 적성이 맞아야 한다
사람은 보람을 느껴야 한다
그 일에 만족해야 한다
돈을 먼저 쫓기보다는 그 일을 사랑해야 한다
사랑이란, 사람을 먼저 좋아해야 한다
사람이 먼저다
도와주려는 마음이 먼저 있어야 한다

눈에 보이지도 잡히지도 않는 돈과 명예를 쫓아다니다
행복은 저만치 달아나 버린다
나이도 건강도 나를 기다려주지 않는다

행복은 근심 걱정이 없을 때
살아 숨 쉬고 아름다운 떠오르는 태양을 보고
밤이면 달과 별을 볼 수 있다는 것
계절마다 피고 지는 아름다운 꽃을 볼 수 있다는 것
사람들과 어울려 함께 살아간다는 것
남을 위해 살 때 진정으로 행복하다

죽음은 무엇일까

어머니가 우물가로 물 길러 가려고,
양철 물동이 챙기는 소리가 들리면
방에서 쫓아 나와 어머니 몸뻬 바지를 붙잡고 따라나섰지요
조금이라도 어머니와 함께하고 싶었던
어린 마음이 아득하네요

어린 나는 어머니를 따라다니는 걸 무척이나 좋아했어요
조금이라도 같이 있을 수 있고
맛있는 음식도 먹을 수 있었으니까요
막내라 젖도 늦게까지 먹었지요

언니들은 모두 학교에 가고 혼자 놀다가
심심해지면 동네 여기저기를 돌아다니며 구경을 했어요
어느 다 쓰러져 가는 초가집에 몸이 아파 누워있는
아주머니를 보기도 하고,
다른 집에서는 연세 많은 할아버지가 누워
힘들어하는 모습을 보기도 했어요
그때 아, 사람이 늙어 죽을 때가 되면
저렇게 힘이 드는가 보다 생각하게 되었어요

어느 날 어머니를 따라 재 넘어 친척 집에 갔어요
어머니는 나를 마당에 홀로 둔 채
마루 위로 올라가 사람들과 서글프게 울었습니다

다음날 꽃상여가 나가고
나는 사람이 태어나면 언젠가는
죽는다는 걸 처음 알게 되었어요
상여 꽃 하나 들고 긴 방죽을 돌아
어머니 손을 잡고 집으로 돌아왔지요
어머니는 아무런 말씀이 없었어요

어머니는 1년에 한 번쯤
서울에 있는 큰 언니 집에 가서
열흘 정도 있다 오곤 했지요
저는 먼 산을 바라보며
어머니가 가신 서울이 어디쯤일까
가늠하기도 했어요
저녁 무렵만 되면 나는 때 없이
어머니가 그리워졌습니다

꾸중을 듣거나 마음이 쓸쓸할 때면
그때 본 친척 집이 생각나
죽음에 대해 생각했지요
그러다 보니 나의 가장 가까운 부모님도
또 형제들도 떠나고
나도 언젠가는 죽는다는 걸 알게 되었어요

사람은 죽는데 왜, 태어나지?
그럼 어떻게 살아야 하는 걸까
이 미완의 삶을 되풀이하고 싶지 않았어요
내가 너무 싫었거든요
미완성으로 살다 죽으면 다시 태어나야 하는 걸까

나중에 학교에 다니다 보니
사람으로 태어나 깨달음을 얻은
성인들이 있다는 걸 알게 되었어요
나는 어려서부터 죽음이 두려웠어요
그래서 인생의 목적이 살아서
깨달은 사람이 되고 싶었지요
그래서 지금도 쉬지 않고 마음공부를 하나 봅니다

자기 사랑

자기를 사랑하고 용서하자 지금까지도
용서하지 못하는 누군가는 바로 자기 자신이다
타인이라는 마음을 가지고 있을 뿐,
지금 행복하지 못하고 미워하고 불평을 늘어놓는 것은
자기를 사랑하지 않기 때문이다
학생은 공부 못하는 자신을 싫어하고 미워한다
그런 자신을 미워하다
타인과 세상에 분풀이를 하고 싶어 한다

용서는 자기에게서부터 시작된다
먼저 내가 생활하는 공간부터 깨끗이 청소한다
책을 정리하고 옷걸이에 걸려있는 옷들을
계절별로 가지런히 정리한다
이불 빨래를 하고, 오래된 이불과 옷은 버린다
화장실의 묵은 때도 말끔히 닦아낸다
공간만 깨끗해도 한결 마음이 밝아진다

새로운 곳으로 이사를 할 수 없다면
청소부터 시작하자
나의 마음부터 청소를 시작하고
눈에 보이는 공간을 깨끗이 청소하자
누구를 원망할 시간이 없다
무엇이든 기회와 때가 있다
씨를 뿌릴 때와 거둬드릴 때가 있다
욕심만 그득해서는 그 어떤 것도 이룰 수 없고
실망만 할 것이다

먼저 목표를 세우고 그 목표를 이룰 수 있도록
계획을 세워야 한다
나는 이 세상에 왜 태어났는가?
나는 누구인가?
무엇 하러 왔는가?
진정한 나는 마음인가, 몸인가
내가 잘할 수 있는 것은 무엇인가
그 어떤 것이든 시간이 필요하다
포기만 하지 않는다면 언젠가는 이룰 수 있다

나는 작가가 되고 싶다
내가 살아온 길을 지혜롭게 이야기할 것이다
사람들이 이해하기 쉽도록,
이 세상에 태어난 건 고통이 아니라 희망이며
행운이고 축복이라는 것,
이 세상 모든 사람들의 꿈은 나비가 되는 것이다
미완성에서 완성이 되는 것이다
죽는 그 순간까지 그 여정은 멈추지 않을 것이다
목표가 있기 때문에 나는
지금 이 순간도 행복하고 감사하다

모든 것은 마음에서부터 시작한다
새벽 아침에 머리가 가장 맑다
마음은 나침판이며 지도이다
마음이 정리되어 있지 않고
행복이 없고 여유가 없으면
나와 타인을 괴롭히게 된다
널리 널리 공부하고 경험하고 익히자
세상은 나를 경험시켜 주기 위해 존재하는 것이다
내 마음 세상이며 나의 우주이다
나의 마음대로 펼쳐지고 있는 것이다
자기 사랑,
진짜 자기 사랑은 내 안에서 나를 찾는 것이다

제4부

시인의 산문

어머니의 음식

명절날은 하늘도 쉬는 날이다.

아버지는 성격이 급하시고 게으름 피우는 걸 좋아하지 않았다.

누가 시키기 전에 뭔가를 찾아서 하려고 했다. 그러나 집에 행사가 있는 날이나 명절날에는 아버지 눈치를 보지 않아도 되는 날이어서 마음이 편했다. 친구들과 바닷가에 있는 바위에서 즐겁게 놀기도 했다.

언제나 나를 가장 기분 좋게 하는 건 명절날이나 제삿날이었다. 그날은 어머니가 바깥일을 하지 않고, 집에서 맛있는 음식을 만들기 때문이다. 집 안에 들어서면 구수한 들기름 냄새와 생선을 찌고 굽는 냄새가 담장 너머까지 날리곤 했다.

어머니는 장에 다녀와서 언제나 산이나 들에 나가 일을 했고, 가끔 바닷가에 나가 미역을 따다 말리기도 했다. 그러나 제사나 명절날에는 학교 갔다 오면 어머니가 언제나 집에서 맛있는 음식을 준비하고 나는 열심히 잔심부름을 도왔었다.

그러면 물에 담가 놓은 두부도 입에 한입 넣어주고, 시루떡에 들어가는 팥도 입에 넣어주었다. 구수한 두부와 달콤 쌉싸름한 팥의 맛은 꿀맛이었다. 바닷가다 보니 박대와 장대 상어와 돔 등 온갖 종류의 생선들이 제사상에 올랐다. 아버지는 잡아 온 생선 중에 실한 놈을 골라 제사에 쓰기 위에 말려놓으셨다.

어머니는 시루에 넓은 호박잎을 몇 장 깔고 떡을 쪘는데, 구수한 호박잎 내음이 났다. 특히 내가 좋아하는 음식은 식혜였다. 엿기름을 많이 넣고 해주신 식혜는 정말 맛이 있었다. 내가 가끔 생선을 시장에서 사 먹어 보지만 지금 사 먹는 생선은 예전 어머니가 가마솥에서 쪄주던 고향의 맛을 느낄 수 없어 아쉽다.

제사가 끝나면 어머니는 나에게 온 동네를 돌며 식사하러 오시라는 심부름을 시켰다. 그게 정말 쑥스러웠다. 우리 동네는 열다섯 가구의 작은 어촌 마을이었는데, 언니가 있을 때는 언니와 함께 다녔지만, 언니가 서울로 가자 그 일은 온전히 나의 몫이 되었다. 그리고 아주머니 아저씨들이 오면 음식을 나르는 것을 도왔다. 나는 수줍음이 많았다. 그건 아무래도 타고난 막내 기질 때문이 아니었을까 생각한다. 명절이나 제사가 끝나고 나면 한 며칠은 푸짐한 음식으로 즐거웠다. 지금도 해마다 명절이 오면 어머니 냄새가 먼저 그리워진다.

어린 시절의 추억

　어린 시절 가슴 한편에 감추어놓은 보물이 있다.
　부모님은 막내인 나를 무척이나 예뻐해 주었다. 왜 아니겠는가. 오십 가까이 된 나이에 떡두꺼비처럼 희고 통통한 계집아이가 태어났으니 말이다.

　우리 집은 논이 없어, 어머니는 모내기 철이 되면 남의 집 모내기를 하러 다니셨다. 어머니는 초등학생인 나를 늘 일하는 곳으로 오라 일러주었는데, 그곳으로 찾아가면 아주머니와 아저씨들이 평평한 곳에 자리를 잡고 앉았다. 나는 반가운 마음으로 어머니 옆에 앉아 밥을 먹었다.
　오랜만에 보는 흰쌀밥에는 팥이 들어가 있고, 쪽파를 소금에 절여두었다가 씻어 고춧가루에 무쳐서 나온다. 그럼 별다른 반찬이 없어도 모내기하는 날 먹는 못밥은 정말 맛있었다. 그렇게 모내기 철만 되면 어머니는 막내인 나를 특별히 더 챙겨주었다. 다른 집 애들은 아무도 없었다. 따뜻한 흰쌀밥을 먹여주려는 어머니의 사랑이었다. 지금도 어머니만 생각하면 커다란 가마솥에 흰쌀밥이 한가득 김이 모락모락 피어오른다.

어머니의 보리개떡

　입이 심심해질 때면 나는 어머니께 보리개떡이 먹고 싶다고 조르곤 했다. 그러면 어머니는 윗마을 방앗간에 보리쌀을 맡겨 두셨다. 곡식을 빻는 큰 공장이다 보니 기계가 돌아갈 때까지 또, 며칠을 기다려야 했다. 막걸리를 넣고 밥 위에 올려 쪄주던 보리개떡은 정말 별미 중의 별미였다. 지금 생각해보면 뭐 그리 대단할까마는 그때는 최고의 군것질이자 간식이었다.

　서울 생활을 하면서도 예전 어머니가 해주시던 그 보리개떡이 종종 생각났다. 어머니 계실 때는 미처 잘 몰랐지만 돌아가시고 나자, 이제는 예전 그 보리개떡을 영영 맛볼 수 없게 되었다. 그 맛이 생각나 막걸리를 넣고 요리조리 만들어봤지만, 어머니가 해주시던 구수한 보리 개떡 맛을 낼 수가 없다. 유채꽃 피고, 보리꽃 피어나면 어머니의 손맛이 그리워진다. 바쁘신 중에도 뭐든 뚝딱 해주시던 어머니의 음식은 마술이었다.

대보름

　대보름에는 온 동네 아이들이 일찍 잠들면 눈썹이 센다며 밤새 쥐불놀이를 즐겼다. 그리고 배가 고프면 대문 밖에 내놓은 오곡밥에 나물을 비벼 먹었고, 바닷가에서는 남자아이들이 횃불을 돌리고, 계집애들은 따라다니며 구경했다. 다음날 온 동네 어른들이 풍악을 울리고, 집집마다 돌아다니며 무사 안녕과 풍년을 기원해주었다. 그러면 어머니는 술과 음식을 한 상 차려 대접하곤 했다. 지금 생각해보면 대보름은 가족의 안녕과 마을 공동체가 어우러지는 좋은 기운을 나누는 시간이었다.

어머니의 밭

　학교에 다녀오면 제일 먼저 하는 일이 어머니가 어디에서 일하고 계시는지 찾는 것이었다. 아버지는 작은 통통배로 고기를 잡아 오시고, 다음날 어머니는 고기를 읍내에 나가 내다 파시고는 맛있는 찐빵이나 제철 과일을 사서 함지박에 이고 오셨다. 어머니가 시장에 가시면 오늘은 무엇을 사서 오시는지 버스 오는 쪽을 눈이 튀어나올 정도로 바라보곤 했다.
　어머니는 장에 다녀와서도 산이나 들에 나가 일을 했고, 가끔은 바닷가에 나가 미역을 따다 말리기도 했다.

　어떤 해는 어머니가 사탕수수 씨앗을 구해 밭 한쪽 귀퉁이에 뿌렸는데, 농사가 잘되어서 계속 뽑아먹었는데도 줄어들지 않았다. 토마토나 생가지도 따 먹고 밭에만 가면 무서운 아버지를 피할 수 있어 좋고, 먹을게 지천으로 널려 있어 밭은 어머니와 함께할 수 있는 학교며 놀이터였다.
　외롭고 힘든 서울살이를 하는 동안에도 어머니가 해주신 보리개떡과 든든한 사랑은 나를 오뚝이처럼 일으켜 주었고, 버팀목이 되어 지금까지 두고두고 잊히지 않는다.

나의 어머니

　식구들이 많아 고구마를 찌면 한 사람씩 그릇에 담아 나누어 주었는데, 막내딸은 아껴먹는다며 장롱 속에 숨겨두었다 잊어버리기도 했다. 언니들은 모두 학교에 가고 심부름이라도 시키려고 하면 "나 안 해! 나만 심부름시키려고 학교 안 보내 주고"라고 해서 일곱 살 때 입학하게 되었지만, 공부에는 별 관심이 없어 한글도 다른 아이들보다 늦게 깨우쳤다.

　요즘 나는 TV에 바닷가가 나오면 눈을 크게 뜨고 보게 된다. 바닷가는 내가 나고 자란 곳이기 때문이다. 고향으로 내려가는 길목에는 물이 소용돌이치는 울돌목을 지나간다. 바로 진도대교다. 유속이 빨라 물이 빙글빙글 돌기 때문에 유심히 쳐다보며 지나간다. 차는 금세 지나고 비로소 고향 땅으로 들어왔다.

　나는 궁금한 게 많아 어머니에게 옛날얘기를 해달라 하면, 언제나 싫은 내색 한번 하지 않으시고 이런저런 이야기를 들려주었다. 우리 집은 왜 이렇게 가난하냐며 볼멘소릴 할 때면, 외가는 잘살았고 할아버지는 독립운동을 하시다

아프셔서 돌아가셨다고 한다. 삼촌은 만주로 유학을 갔다. 어머니도 만주에 가게 되었는데, 땅이 얼마나 넓은지 하루가 지나도록 산이 보이지 않았다고 했다.

어머니 얘기로는 중매해주는 이에 속아 아버지를 만나게 되었다고 한다. 시집을 오니 살림은 없고 자식들은 줄줄이 태어나 직접 할아버지와 산에 밭을 일구시고, 아버지가 생선을 잡아 오면 읍내에 나가 팔아 오시고 나서, 밭에 나가 농사를 짓고 산에서 땔감을 해오셨다.

또, 초등학교 2학년쯤 작은방에서 일찍 잠이 들었는데 언제 오셨는지 어머니는 거칠어진 손으로 나를 쓰다듬으며 혼자 잠든 나를 보며 안타까워하셨다. 그런 어머니에게 늦게 태어난 내가 더 미안하고 죄송하게 느껴졌다.

학교 다녀오면 언제나 어머니를 찾는 것이 일과였다. 동구 밖에서 쳐다보면 커다란 우리 밭이 잘 보였다. 언제나 일에 쫓겨 운동회 때도 가장 늦게 오셨다. 어려운 생활 속에서도 항상 꿋꿋하게 성장할 수 있도록 칭찬을 많이 해주었다. 그래서 어려운 일이 생겨도 긍정적으로 생각하는 편이다.

밭을 매다 심심하면 호미를 들고 물 빠진 바닷가에 내려가 굴이나 조개를 캐서 바닷물에 담가놓으면 어머니는 좋아하셨다. 나는 요즘도 가끔 꿈속에서도 조개를 캐는 꿈을 꾸기도 한다.

어머니가 편찮으셔서 그때 혼자였던 내가 병간호를 위해 시골집에 내려가면 결혼하면 주려고 냄비며 그릇들을 많이 사다 놓았었다. 그 모습을 보는 내 마음도 편하지 않았다. 좋아하는 일을 하며 늦은 나이까지 혼자인 나를 항상 마음에 걸려 했다. 그리고 30대 중반 늦은 나이에 결혼하게 되었는데, 어머니는 병원에 계셔 참석은 못 하셨고 이후에 인사하려 내려가니 그때야 마음이 놓이는 듯했다. 홀로 계실 때는 굴을 따고 게를 잡아 손수 반찬을 해 드시고 밭에는 수박과 참외를 심어 따서 드시고는 멀리 있는 자식들보다 낫다며 웃으며 말씀하셨다.

어느 날 어머니가 돌아가셨다는 연락을 받았다. 하늘이 무너지는 듯했다. 왜 좀 더 일찍 전화를 주지 않았을까. 아마 거리 때문이었을 것이다. 그 많은 자식이 먼 곳에서 오고 가고를 생각했기 때문일까. 곁에서 함께 지켜드리지 못해 뭐라 할 말이 없었다. 태어나면 언젠가는 한번 이별을 하게 된다.
무수한 별의 숫자만큼이나 사람들의 숫자도 많다고 하셨던 어머니가 저 밤하늘의 달님 되어 어둠을 밝혀주고 계시리라 생각한다.

아버지의 등

아버지는 동네잔치나 제사가 있는 날이면 막내인 나를 항상 데리고 다녔다. 어느 날 친척 집 제사가 끝나고 새벽녘에 나를 업고 왔는데, 깨어나 하늘을 쳐다보니, 지붕 위로 반달이 떠 있었다. 그렇게 어릴 때는 아버지를 잘 따라다녔고, 집에서도 맛있는 음식을 잘 챙겨주었다. 그러나 목소리가 크고 성미도 급한 아버지가 어머니와 자주 다투고 가족들을 험하게 대하는 모습을 보면서 자란 나는, 점점 겁쟁이가 되어갔다.

하루는 언니와 집 앞에서 놀다 세워두었던 지게가 넘어지면서 그만 요강이 깨져버렸다. 우리는 아버지께 야단맞을까 봐 가슴이 조마조마했던 기억이 있다. 어머니는 밭에 안 좋다며 제초제를 쓰지 않고 손으로 일일이 잡초를 다 뽑아냈다. 초등학교 3학년 때쯤이었을까, 방학 때면 우리도 일손을 도와야 했다. 어머니는 농땡이를 부리는 나에게 간식으로 라면 심부름을 시켰다. 윗마을을 향해 가고 있을 때, 저 멀리서 아버지가 내려오는 모습이 보였다. 나는 아버지와 마주치지 않으려고 샛길로 빠져 커다란 상수리나무 뒤에 숨어 있다가 아버지가 지나가자, 라면을 사 왔던 기억이 나서 아버지에게 미안했다. 그날 나는 밭에서 생라면을 과자처럼 먹었었다.

　겨울에도 어머니가 바닷가에 나가 김을 뜯어 오면 온 식구들이 매달려 뜨고 말리는 일을 했다. 아버지는 말린 김을 모아두었다가 팔아 오곤 했는데, 어머니에게 돈을 주지 않는지 자주 다툼이 벌어지곤 했다. 어머니와 일을 할 때 가끔 아버지에 대해 서운했던 얘기를 했다. 그로 인해 아버지는 더 외로웠을 것이라는 생각이 들었다.

　진도대교가 세워지기 전 우리 마을에는 커다란 배 문화호가 목포로 다녔다. 아버지는 작은 배로 사람들을 태워 내려주는 일을 한동안 했는데, 둘째 오빠가 서울 갈 때 커다란 문화호를 타고 목포까지 가서 기차로 서울에 갔던 기억이 난다. 호기심 많은 난 새로운 곳에 간다고 하면 항상 따라다녔다.

　서울에 살던 언니 오빠가 부모님께 커다란 논을 사드린 적이 있었다. 아버지는 마치 자식 돌보듯 애지중지 가꾸셨고, 가뭄이 들어 물이 부족하면 직접 웅덩이에서 물을 퍼서 논에 대주었다. 나이 들어서 얻은 논을 하루에도 수십 번씩 논두렁이 닳도록 자식 돌보듯 다니시길 좋아했다. 하루는 오빠들과 셋이 모여 논에 약을 뿌리는데, 수동식 분무기라 중학생인 나는 힘에 부쳤다.

 아버지는 그런 나에게 못한다며 힘껏 소리를 치는 것이었다. 나는 화가 나서 그대로 농약 분무기를 바닥에 내려놓고 밭으로 나가버렸다. 나무 그늘에 앉아 읍내로 생선 팔러 가신 어머니를 기다리다가, 내가 좀 참을 걸 그랬나, 하고 후회가 되었었다. 그때는 왜 그렇게 아버지가 어렵고 무서웠는지 모르겠다. 집에 혼자 있으면 그냥 놀기가 눈치 보여, 낫으로 그 긴 논두렁 풀을 다 베어냈는데 부모님은 그것이 대견했던지 언니들에게 자랑하곤 했다.

 아버지는 이따금 읍내로 영양제를 맞으러 다니셨다. 어느 날 아버지의 뒷모습을 보는 순간, 예전 어머니와 다투면 무섭고 야속했던 마음들이 봄눈 녹듯 한순간 사라졌다. 나도 이제 어느덧 오십을 넘고 보니 마음도 편안해졌다. 어려운 자리에서도 편하게 얘기할 수 있고 자신감도 생겼다. 아버지는 깔끔하시고 멋쟁이셨다. 속정이 많으셨는데 내가 어려워 가까이 다가가지를 못했다. 한없이 막내딸을 예뻐해 주셨는데, 내가 다가가지 못했다. 돌이켜 생각해보니 그런 아버지에게 나는 아무것도 해드린 것이 없었다. 먼저 다가가 어리광이라도 좀 부렸으면 좋아하셨을 텐데….

해마다 농사가 끝나고 가을이 깊어가면 한없이 넓은 등을 내어주시던 아버지의 모습이 그리워진다.

소심했던 학창 시절

내가 다니던 중학교는 걸어서 두 시간이 넘게 걸려 모두 학교 근처에서 자취했다. 가파른 언덕을 넘고 골짜기를 지나 여러 동네를 지나야 학교가 있는 시내가 나왔다. 나는 생각이 많고 소심한 성격에 8남매 중에 막내였다. 아버지는 "막내는 지가 간다면 대학까지 보내줘야지"라고 할 정도로 늦둥이 막내딸을 무척 예뻐해 주었다.

그러나 자라면서 술을 좋아하시던 아버지는 어머니와 큰소리로 많이 다투셨다. 나는 점점 아버지가 무서워지기 시작했다. 세 명의 딸들은 아버지 눈치를 많이 보며 자랐다. 그러면서도 중학교는 아버지가 많이 챙겨주셨다. 처음 예비소집이 있던 날, 한동네 친구 셋이서 학교로 출발했다. 고개 하나를 넘어가자 여러 마을에서 나온 신입생들이 물고기가 강을 향해 몰려가듯 큰길가로 걸어가고 있었다. 길은 작은 싸라기 눈이 바람과 함께 휘날려 앞이 잘 보이지 않았다. 나는 긴장한 탓인지 추위는 별로 생각나지 않았다. 그렇게 학교 근처에 다다르자 제법 큰 건물과 가게들이 늘어져 있었고 쇼케이스에는 먹음직스럽게 진열된 찐빵과 만두가 상점

유리창으로 눈에 들어왔다.

중학교에 입학하기 전에 친구와 멋진 의상실에서 교복을 맞추었다. 그리고 어머니에게 교복을 맞추었다고 얘기했는데 어머니는 이모네 집에서 교복을 가져다준다고 했다. 이미 난 교복을 맞추었지만, 더 이상 말을 꺼내지 못했다. 새로 맞춘 친구의 교복은 참 깔끔하고 예쁜데, 어머니가 가져온 교복은 많이 낡아 있었다. 학교 다니면서 의상실에 말을 하지 못해 학교 다니는 내내, 혹시 의상실 주인이 교무실에 찾아오지 않을까, 또 월요일 아침 운동장에서 조회할 때면 혹시 내 이름을 부르지 않을까, 마음을 졸이며 학교에 다녔다. 나는 뭔가 마음에 걸리면 늘 끊임없이 생각하고 걱정만 했다.

나는 동네에서 얼굴이 예쁜 3학년 언니와 자취를 했는데, 언니는 살을 뺀다며 밥을 잘해 먹지 않아 배가 고팠다. 그래서 가을이 오면 이제 막 붉게 익어가는 떫은 감을 따 먹었던 기억이 난다.

그리고 육성회비가 나오면 부모님에게 이야기조차 꺼내지 않고 걱정만 했다. 결국, 기한을 넘기자 담임선생님이 육성회비는 학생의 의무인데 늦게 낸다면서 친구들 앞에서 면박을 주었다. 정말 창피해서 쥐구멍에라도 들어가고 싶은 마음이 들었다. 그날 저녁 급하게 육성회비를 내지 않은 친구, 선배들과 같이 집으로 돌아와 부모님께 이야기하니 많이 놀라셨다. 부모님은 어떻게 마련하셨는지 돈을 구해오셔서 다음날 육성회비를 낼 수 있었다.

 3학년 때는 통학버스가 다녀 집으로 돌아오던 가을 어느 날은, 선선한 바람이 불어오고 별들이 초롱초롱 빛났다. 누군가 말동무라도 있으면 하고 처음 이성을 생각할 때였다. 둥그런 달이 아지랑이를 그으며 올라와 온 세상을 밝게 비출 때면 찰랑찰랑 바닷물이 둑 밑에까지 차올랐다. 우리 집은 부모님이 싸우지 않으면 이태백이 부럽지 않은 고요한 신선의 세계 같았다. 그런데 현실은 정반대여서 공부는 머리에 잘 들어오지 않고, 내 머릿속은 빨리 어른이 되어 독립하고 싶은 마음뿐이었다. 그렇게 나의 사춘기가 지나가고 있었다.

 고생스럽고 여의치 않은 환경이었지만 내 학창 시절은 나를 조금은 성장시켜 주는 계기가 되었다. 아마 자취를 하면서 부모님과 떨어져 있던 시간이 부모님에 대한 고마움과 미안함을 느끼게 해주었다고 생각한다. 그런 시간이 있어서 지금이 더 소중하게 느껴진다.

나의 아버지

　나의 어릴 적 기억, 우리 아버지는 동네잔치나 맛있는 게 있으면 가장 먼저 8남매인 막내딸을 챙겨주었다. 나를 부르는 소리가 들리면 쪼르르 달려갔다.
　그 시절 아버지들이 그러하듯 아버지는 막걸리를 좋아했다. 종종 막걸리 심부름을 보내면 오는 길에 주전자에 입을 대고 한 모금씩 마시곤 했다. 그 달달한 맛이라니, 지금도 잊을 수가 없다. 아버지는 키가 크고 목소리도 우렁찼다. 돈이 생기면 놀음을 해서 조금 있던 논마저 다른 사람에게 넘어갔다고 어머니께 들었다. 내가 어느 정도 성장했을 때는 좋은 음식을 아껴 드시고는 너희들은 나중에 크면 많이 먹을 수 있다고도 했다.

　어머니와 산등성이에서 밭을 매면, 아버지는 동네 모퉁이에서 큰소리로 어머니를 불렀다. 그게 얼마나 창피하던지. 성격이 급하고 깔끔하고 완벽주의적인 아버지 성격 때문에 꾸물거리고 게으른 걸 좋아하지 않았다. 언니들을 큰 소리로 부르면 마치 군대처럼 대답부터 하고 빨리 달려나가야 했다. 저녁이면 마실 다니는 걸 좋아해서 밖에 나갔다가도

집 입구에서 아버지의 기침 소리가 들리면 심장부터 벌렁거리며 뛰었다.

  그렇지만 내가 아버지를 미워할 수 없는 이유는 아버지와의 추억 때문이다.
  그 시절에는 시제나 제사가 참 많았다. 저 멀리 산 고개를 넘어까지 시제를 지내러 다니고는 했다. 윗마을 친척들과 함께 아버지 손을 잡고 걸어갔다. 맛있는 것도 먹을 수 있어서 그런 날은 유난히 좋았다.
  나는 자라면서 아버지가 무서워졌다. 어떤 때는 북한에서 온 공산당인 줄 알았다. 온 가족이 모여 밥을 먹으면 겨울에는 콧물이 나와도 귀에 거슬릴까 봐 제대로 훌쩍거리지 못했고, 밤에 잠을 잘 때 기침이 나면 하지 않으려 애를 썼던 기억이 난다. 중학생 시절 아버지는 내 생일을 알고 어머니에게 얘기한 적이 있었다. 어머니는 쌀을 빻아 팥고물을 무쳐주었고, 처음으로 생일 떡을 먹었다. 그렇게 받는 것도 어색했던 기억이 난다. 나는 왜 그렇게 선머슴처럼 무뚝뚝했는지 모르겠다. 맨날 아버지 눈치나 보는 아이가 뭐 그리 예뻐 보였을까. 지금 생각해보면 참 철이 없었구나, 후회가 막심하다.
  서울에 올라와 처음 직장 생활을 할 때, 나 혼자 추석에 집으로 내려갔었다. 큰언니에게 계를 들고 있어서 돈이 없던 나는 계산해보니 남은 돈으로는 올라올 차비밖에 되지 않았다. 차비를 타서 올라올 수는 없었고, 할 수 없이 아버지 좋아하는 소주 한 병 제대로 사 가지 못한 채 빈손으로 다녀왔었다.

그것이 아버지에게 두고두고 죄송한 일이 되었다. 따뜻하게 손 한 번 잡아드리지 못하고 아버지는 그렇게 떠나셨다. 아버지는 따뜻했고, 나는 참 복이 많은 사람이었다.

나에게 책이란

오늘은 한가위가 지나고 비가 추적추적 내린다. 글쓰기 좋은 날이다.

중학생 시절 서울에서 사업하던 둘째 오빠가 사업을 접고 시골집으로 내려왔었다, IMF 때가 아닌가 생각한다. 작은 어촌 마을 초가집에 처음 보는 철재로 된 책상도 있었다. 책도 몇 권 있었는데, 그중 옆면이 빨갛게 색칠된 성경책도 있고 몇 개의 소설책도 있었다. 그 빨간 색을 한창 멋 부리고 싶을 때, 입술에 문지르면 입술이 빨갛게 되어 재미있게 언니들과 놀았던 기억이 난다. 또 초저녁에는 어머니와 주기도문을 외우고 잠들기도 했다. 그때는 별다른 오락거리가 없어 조용하고 마음이 복잡하지 않았다.

그때 읽었던 책 중에는 펄 벅의 『숨은 꽃』이라는 책이 있었는데, 읽다 보니 재미있었다. 엄마 따라 산에 갈 때도 가지고 다녔던 기억이 난다. 사춘기 시절 책은 나의 외로움과 호기심을 달래주었다. 『숨은 꽃』은 주일 미군과 아리따운 일본 여인이 사랑을 하고 결혼해서 미국으로 가 사는 이야기였다. 그때 누군가를 짝사랑했던 것 같기도 하다. 얼굴에 여드름이 있는 남자아이였다. 누나가 하는 문방구에서 과묵하게 계산하는 모습이 멋져 보였다.

  그때부터 나는 '책'이 재미있다는 걸 알게 되었다. 사람은 누구나 책 한 권쯤은 쓸 이야깃거리를 가지고 있다. 마음이 외로울 때 또 상처를 받았을 때도 글을 쓰고 시를 짓고 책을 엮어 만들면 더없이 좋을 것이다.

  어제는 원주 한지테마파크에 남편과 같이 갔다. 비단의 수명은 오백 년, 종이는 천 년이라고 한다. 종이가 더 수명이 길다니 새로운 사실을 알게 되었다. 종이도 연필도 귀했던 초등학교 시절, 몽당연필을 볼펜대에 끼워 침을 발라가면서 썼었다. 어디를 가든 책이 보이면 그냥 지나치는 법이 없었다. 중학교 시절에 꿈이 뭐냐고 적는 난에 나는 항상 '작가'라고 적었다. 나의 경험과 상처를 다른 사람들은 되풀이하지 않기를 바라는 마음이었던 것 같다.

  책은 그렇게 나의 외로움과 생각하는 마음을 밝혀주는 좋은 벗이 되었다. 마음이 복잡할 때면 아끼는 책들을 꺼내 읽어보고 있다. 그때 그 책은 아니지만 내 곁에서 나와 여정을 함께하고 있다. 택시를 타거나 어디를 갈 때면 책 한 권은 가지고 다닌다. 이야깃거리가 필요한 사람, 좀 편안해 보이는 사람에게 책 좋아하세요? 라고 물어본다. 그러면 예전에는 읽었는데, 지금은 먹고사는 게 바빠서 읽지 못하고 있다고 한다. 책은 역사의 기록물이다. 내가 다 경험하지 못하는 세상을 간접 경험하게 하는 소중한 사람의 지침서이다. 아이들에게 책을 읽으라고 강요하지 말고, 먼저 책을 읽고 있으면 아이들도 자연스럽게 따라서 읽는다.

도서관에 가면 언제나 기분이 좋다. 이런 좋은 곳이 집 근처에 있어서 얼마나 행복한지를 생각하게 된다. 나도 멋진 나의 이야기책을 써볼 작정이다. 당신도 한번 써보길 바란다.
이야기로 못다 한 사연들을 하나둘 꺼내어 보자. 똑같은 내용은 하나도 없을 것이다. 우리네 삶이 모두 다 다르듯 생각도 이야깃거리도 취향도 모두 다 다르다. 나는 내가 가장 잘 안다고 생각하는데 내가 알고 있는 게 정말 맞을까. 옳은 걸까. 잘 살아가고 있나 생각하게 한다. 나이가 들어갈수록 끊임없이 공부하고 책을 읽어야 타성에 젖지 않고 깨달음의 깊이를 느끼며, 아집에 빠지지 않을 수 있기에 나는 책을 읽고 글을 쓰는 일을 놓지 않으리라 다짐해 본다.

해설

자기를 온전하게 치유해 가는 환치의 순간을 위한 세레나데

- 김남권(시인, 계간 『시와징후』 발행인) -

해설

자기를 온전하게 치유해 가는
환치의 순간을 위한 세레나데

– 한순원 시산문집 『여자의 시간』을 읽고

김남권(시인, 계간 『시와징후』 발행인)

　치악산에 물안개가 피어오르면 환상적인 풍경이 펼쳐진다. 남북으로 길게 이어진 능선을 따라 거대한 용이 누워있는 듯한 착각에 빠지게 한다. 햇살이 퍼지기 시작하면 흰 장막 속에 가려져 있던 비로봉과 병풍바위 능선이 한눈에 들어온다. 겨울 아침 어느 날은 무심하게 치악산을 바라보다가 칠부 능선을 따라 밤새 하얗게 눈이 쌓여 있는 모습을 발견하고 탄성을 지를 때가 있다. 평소에 땅만 쳐다보며 거리를 활보하고, 도시의 휘황찬란한 불빛들 때문에 밤하늘에 별빛이 얼마나 투명하게 빛나고 있는지 잊고 사는 사람들이 늘어나면서 가슴 속의 정서도 메말라 가고 있다.

시를 쓰는 행위는 우리 가슴 속에 잊고 있던 마음속 별빛을 찾아가는 일이다. 윤동주 시인이 일제강점기 남의 땅에 가서 고향을 그리워하고 후쿠오카 형무소에 갇혀서 생체실험을 당하면서도 간절하게 바라보았던 「별 헤는 밤」도 바로 그리움의 기억들 때문이다. 일본은 최근 윤동주 시인이 작고한 지 팔십 년 만에 그가 유학했던 릿쿄대학 교정에 윤동주 시비를 세우고, 별 헤는 밤을 낭송하며 추모 행사를 열었다.

한순원의 시와 산문은 그가 살아왔던 고향의 하늘과 바다에 깃들어 있는 어머니와 아버지에 대한 동경과 향수의 기억들이다. 그가 어린 시절에 바라보았던 별빛들이 시편마다 나타나고 있는 시어들로 그걸 증거하고 있다. 푸른 바다의 언어가 그것이고, 푸른 별빛의 숨결이 그것이다. 그리고 그곳에서 뼈를 묻고 살아온 어머니와 아버지의 체온이 살아 숨 쉬는 언어의 행간이 그걸 증명해 준다. 윤동주가 바라보았던 별빛은 여전히 한순원의 가슴 속에서 반짝이고 있다.

한순원이 아버지의 등에서 올려다보았던 별빛이 현재를 살아가는 이정표가 되고 있다. 한순원이 시를 쓰고 산문을 쓰는 것은 어느 겨울 아침, 눈을 뜨고 일어났더니 치악산 비로봉에 새하얗게 쌓여 있는 흰 눈을 바라보며 탄성을 지르는 것처럼, 자기 안의 탄성을 찾아가는 여정이라고 해야 할 것이다. 자기 안에서 쓰지 않으면 피가 고이는 것처럼, 쓸 수밖에 없는 이유를 발견하고 자기를 온전하게 치유해 가는 환치의 순간이라고 할 것이다.

  한순원의 시 「여자의 시간」 외 4편은 자전적 삶의 기억들을 솔직하고 담담하게 형상화한 시편들이다. 가뭄이 든 대지에 촉촉하게 단비가 내리듯 한순원의 이야기에 젖어들다 보면 '그때는 그랬었지', '나도 그런 기억이 있었지' 하고 고개를 끄덕이게 한다. 우리 사회가 산업화 도시화의 과정을 겪으면서 느꼈던 과도기적 현상들이 시의 곳곳에서 생생하게 배어 나온다. 그래서 더 친근하게 읽히는 시편들이 고단했던 지난 시절의 기억들을 환기시킨다.

> 오십 중반의 여자는 글을 쓰고 싶다고 했다/자신이 살아오는 동안 경험한 것들을/담아내고 싶다고 했다/전문지식도 없고 글 쓰는 법을 배운 적도 없지만/그래도 여자는 글을 쓰고 싶다고 했다
>
>   - 「여자의 시간」 [부분]

  이 시를 통해서 한순원의 시적 이미지가 얼마나 솔직하고

현실적인지 드러나고 있다. 말하듯 시를 쓰는 시인이 우리에게 잔잔한 감동을 불러일으키는 이유를 깨닫게 해준다.

> 구름이 대지를 덮으면 비가 쏟아지고/빗물은 모여 다시 바다로 간다/어둠이 밀려오면 달이 떠오른다/밤에도 창공은 쉼 없이 돌고 돈다/달과 별 해가 동행한다//그 안에 사람이 있다/삶이 있다/웃음과 울음이 피어나고/꽃이 피고 꽃이 진다
>
> - 「두려워 말아라」 [부분]

너무 당연한 이치를 담아내고 있어서 외형적으로는 싱거워 보이지만 조금만 되짚어 생각하면 평범한 진리가 가슴을 툭 치고 가는 매력이 있다.

> 내 고향 작은 포구 갈매기들 한가롭게 노닐고/숭어 떼 뛰고, 첨벙첨벙 물장구치던 그곳//언제쯤 한가롭게 빈 갯벌 돌아다니며/조개를 캐어 볼까//이젠 아무리 속이 꽉 찬 조개 /함지박 가득 캐어 와도/반겨줄 이 없으니/다시 돌아갈 일 아득하기만 하다
>
> - 「내 고향」 [부분]

바닷가가 고향인 시적 화자의 현실은 안타까운 그리움으

로 환유되고 있다. 세월의 흐름에 따라 변해가는 고향에 대한 향수는 누구나 느끼는 서글픈 감정이 아닐까 싶다.

> 밤안개 흰 파도로 밀려왔다 밀려가고/어둠 떠나간 자리/별들도 어깨춤을 추네//때 묻지 않은 자연의 숨결 듬뿍 받아/도시로 돌아오는 밤/만항재의 별들 내 어깨를 짚고 따라오네
>
> － 「만항재」 [부분]

천상의 화원이 있는 만항재는 차로 오를 수 있는 우리나라에서 가장 높은 고개다. 그곳에서 만나는 야생화와 별들을 바라보며 그 기억들이 어깨에 내려앉아 현실의 기억 속으로 따라온다는 사실은 치유와 힐링의 갈증을 상징적으로 보여주고 있다.

> 말로 하면 뭐든지 이루어지는 세상/몸은 점점 편해지는데/마음은 점점 불편해지고 있다
>
> － 「전기밥을 먹는 괴물들」 [부분]

전기밥을 먹어야 살아나는 괴물들은 나날이 늘어나고 있다. 스마트 폰을 비롯해서 전기밥솥, 전기차, 냉장고, 티비, 청소기 등 이러다가 인간들이 전기밥을 먹는 괴물이 되지

않을까? 말로 하면 뭐든지 다 이루어지는 세상이라지만 그 말 때문에 우리는 본질을 잃어버리는 건 아닐까? 그 명징한 화두가 다가온다. 한순원의 시가 단순하지만 삶의 흔적들을 역력하게 짚고 넘어간다는 사실을 담담하게 풀어낸다는 점에서 앞으로의 시적 여정에 기대를 갖게 하는 이유다.

한순원의 이번 작품집은 시산문집이다. 시와 산문이 자연스럽게 그가 살아온 여정들을 솔직하게 보여주고 있다. 시가 살아온 나날들 속에 대한 비유와 현실에 대한 환치라면 산문은 살아오면서 만난 소중한 기억들과 살아갈 세상에 대한 현실적인 깨달음이라고 해야 할 것이다.

> 서울 생활을 하면서도 예전 어머니가 해주시던 그 보리개떡이 종종 생각났다. 어머니 계실 때는 미처 잘 몰랐지만 돌아가시고 나자, 이제는 예전 그 보리개떡을 영영 맛볼 수 없게 되었다. 그 맛이 생각나 막걸리를 넣고 요리조리 만들어 봤지만, 어머니가 해주시던 구수한 보리 개떡 맛을 낼 수가 없다. 유채꽃 피고, 보리꽃 피어나면 어머니의 손맛이 그리워진다. 바쁘신 중에도 뭐든 뚝딱 해주시던 어머니의 음식은 마술이었다.
>
> —「어머니의 보리개떡」 [부분]

어릴 적에 어머니가 해주신 음식은 힘이 세다. 지금은 흔하게 먹을 것이 넘쳐 나서 뒤도 돌아보기 싫은 슴슴한 음식이 되어 버렸지만, 가난한 시절에 끼니를 때워주고 허기를 채워준 음식은 아련한 추억으로 남아 기억을 떠나지 않는다.

> 어느 날 어머니가 돌아가셨다는 연락을 받았다. 하늘이 무너지는 듯했다. 왜 좀 더 일찍 전화를 주지 않았을까. 아마 거리 때문이었을 것이다. 그 많은 자식이 먼 곳에서 오고 가고를 생각했기 때문일까. 곁에서 함께 지켜드리지 못해 뭐라 할 말이 없었다. 태어나면 언젠가는 한번 이별을 하게 된다.
> 무수한 별의 숫자만큼이나 사람들의 숫자도 많다고 하셨던 어머니가 저 밤하늘의 달님 되어 어둠을 밝혀주고 계시리라 생각한다.
>
> — 「나의 어머니」 [부분]

한순원의 산문은 주로 어머니와 아버지에 대한 기억들이 대부분이다. 모두 지금은 생존해 계시지 않기 때문에 그 아쉬운 마음과 절실한 그리움이 크기 때문일 것이다. 어머니의 임종도 보지 못한 채 수십 년을 살아간다는 것은 늘 가슴 속에 커다란 짐으로 남아 있을 것이기 때문이다. 그리하여 밤하늘도 누구보다 더 많이 자주 올려다보는 것이리라.

아버지는 이따금 읍내로 영양제를 맞으러 다니셨다. 어느 날 아버지의 뒷모습을 보는 순간, 예전 어머니와 다투면 무섭고 야속했던 마음들이 봄눈 녹듯 한순간 사라졌다. 나도 이제 어느덧 오십을 넘고 보니 마음도 편안해졌다. 어려운 자리에서도 편하게 얘기할 수 있고 자신감도 생겼다. 아버지는 깔끔하시고 멋쟁이셨다. 속정이 많으셨는데 내가 어려워 가까이 다가가지를 못했다. 한없이 막내딸을 예뻐해 주셨는데, 내가 다가가지 못했다. 돌이켜 생각해보니 그런 아버지에게 나는 아무것도 해드린 것이 없었다. 먼저 다가가 어리광이라도 좀 부렸으면 좋아하셨을 텐데….

— 「아버지의 등」 [부분]

아버지의 각별한 사랑을 받으며 막내딸로 자란다는 얼마나 행복한 일인지 아버지가 하늘로 소풍을 떠나고 나서야 깨닫게 된다. 아버지의 나이가 되어서야 그게 얼마나 큰 사랑이었는지 알게 된다. 무뚝뚝하고 무서운 아버지였지만 막내딸에게만은 각별했던 아버지에게 어리광이라도 부릴 수 있는 기회가 다시 온다면 얼마나 좋을까. 아버지가 한 시간만이라도 이 세상에 소풍을 오실 수만 있다면 얼마나 좋을까. 그 간절한 그리움이 담겨 나오는 산문 두 편을 본다.

서울에 올라와 처음 직장 생활을 할 때, 나 혼자 추석에 집으로 내려갔었다. 큰언니에게 계를 들고 있어서 돈이 없던 나는 계산해보니 남은 돈으로는 올라올 차비밖에 되지 않았다. 차비를 타서 올라올 수는 없었고, 할 수 없이 아버지 좋아하는 소주 한 병 제대로 사 가지 못한 채 빈손으로 다녀왔었다.

그것이 아버지에게 두고두고 죄송한 일이 되었다. 따뜻하게 손 한 번 잡아드리지 못하고 아버지는 그렇게 떠나셨다. 아버지는 따뜻했고, 나는 참 복이 많은 사람이었다.

- 「나의 아버지」 [부분]

한순원의 아버지에 관한 산문들을 보면서 나도 아버지가 그리워진다. 좋아하시는 소주 한잔하자고 허름한 식당에라도 모시고 가서 술 한잔 따라드릴 것, 이제는 아무것도 할 수 없는 죄인이 되어 별빛이 반짝이는 하늘만 말없이 올려보게 된다.

도서관에 가면 언제나 기분이 좋다. 이런 좋은 곳이 집 근처에 있어서 얼마나 행복한지를 생각하게 된다. 나도 멋진 나의 이야기책을 써볼 작정이다. 당신도 한번 써보길 바란다.

이야기로 못다 한 사연들을 하나둘 꺼내어 보자. 똑같은 내용은 하나도 없을 것이다. 우리네 삶이 모두 다 다르듯 생각도 이야깃거리도 취향도 모두 다 다르다. 나는 내가 가장 잘 안다고 생각하는데 내가 알고 있는 게 정말 맞을까. 옳은 걸까. 잘 살아가고 있나 생각하게 한다. 나이가 들어갈수록 끊임없이 공부하고 책을 읽어야 타성에 젖지 않고 깨달음의 깊이를 느끼며, 아집에 빠지지 않을 수 있기에 나는 책을 읽고 글을 쓰는 일을 놓지 않으리라 다짐해 본다.

- 「나에게 책이란」 [부분]

　한순원은 진심으로 작가가 되고 싶은 사람이다. 이미 두 권의 그림책과 한 권의 인문학 도서를 출간하고 이번에 시산문집을 내면서 계간 『연인』에 시인으로 등단하는 한순원 작가는 누구보다 인정받는 작가가 되고 싶은 열망이 강하다.

　꾸준하게 그림 공부를 하고 책을 읽고 필사를 하고 시와 산문을 쓰면서 사유와 깨달음에 정진하려고 노력하고 있다. 그래서 한순원 작가의 오늘보다 내일이 기대되는 이유다. 아직은 표현의 방법과 메타포, 함축적 언어의 행간을 이어가는 힘은 부족해 보이지만 오랫동안 습작을 하면서 다져 온 내공은 문장을 솔직하고 담백하게 끌고 나가는 힘을 보여주고 있다.

　따라서 현실에 안주하지 않고 다양한 책을 읽으면서 사유의 스펙트럼을 확장하고 생활 속에서 눈을 크게 뜨고 세밀

한 관찰과 사유를 다양하게 이끌어 간다면 쑥쑥 성장하는 작가로 인정받을 수 있겠다고 생각한다.

  경계를 넘어서 다양한 문장에 가치를 부여하고, 스스로에게 당당한 글쓰기를 이어간다면 누구보다 자신과의 약속을 지키는 훌륭한 작가의 길을 걸어갈 수 있으리라 믿는다.

여자의 시간

여자의 시간

펴낸날 2025년 12월 5일

지은이 한순원
펴낸이 주계수 | **편집책임** 이슬기
교정편집 강병규 | **꾸민이** 전은정

펴낸곳 밥북 | **출판등록** 제 2014- 000085 호
주소 서울특별시 마포구 양화로 156 LG팰리스빌딩 917호
전화 02- 6925- 0370 | **팩스** 02- 6925- 0380
홈페이지 www.bobbook.co.kr | **이메일** bobbook@hanmail.net

© 한순원, 2025.
ISBN 979-11-7223-086-9 (03810)

※ 이 책은 저작권법에 따라 보호받는 저작물이므로 무단전재와 복제를 금합니다.
※ 이 책은 한국예술인복지재단의 전문예술인 창작지원금으로 제작되었습니다.